AF252973

RÉFORME

DU

SUFFRAGE UNIVERSEL

PAR

M. LE CHARTIER DE SÉDOUY.

PARIS

E. DENTU, LIBRAIRE-ÉDITEUR

Palais-Royal, galerie d'Orléans, 13

1863

SAINT-LO, IMP. JEAN DELAMARE.

RÉFORME

DU

SUFFRAGE UNIVERSEL

I

Le suffrage universel étant le fondement même de notre Constitution, il n'est pas permis de le remettre en question ni d'en discuter le principe ; nous le supposerons parfaitement juste et raisonnable.

Mais le suffrage universel, comme toutes choses, même les meilleures, peut devenir malfaisant, si les éléments en sont mal combinés. Et ils le sont aujourd'hui de telle sorte que tous les hommes sensés en redoutent les effets pour un avenir plus ou moins prochain. Il est donc permis de demander qu'on le réforme, non dans son principe et son essence, mais dans son organisation.

Nous demandons que l'on réforme le suffrage universel, mais non pas qu'on le détruise. Pour certains esprits réformer et détruire sont synonymes. Pour nous, réformer c'est conserver en améliorant.

Mais ce serait une façon trop pharisaïque de respecter la loi que d'en observer plutôt la lettre que l'esprit ; or quel est l'esprit du suffrage universel ? c'est de représenter les besoins de toutes les classes du peuple, riches et pauvres. Et s'il y a plusieurs manières de les représenter, il est clair que l'on doit choisir la meilleure, fût-elle toute différente de celle que l'on pratique aujourd'hui.

Si l'on prenait le suffrage universel à la lettre, il faudrait qu'un pays de trente-cinq millions d'âmes comptât trente-cinq millions d'électeurs. Or, ne sont pas électeurs les enfants, les adolescents, les jeunes gens de vingt ans et les femmes de tout âge, c'est-à-dire les trois-quarts de la population. On voit donc que la loi ne se fait aucun scrupule d'exclure une multitude immense de personnes ; et quand bien même elle en exclurait encore d'autres, pourvu qu'elle frappât sans distinction sur toutes les classes, si par exemple elle n'accordait le droit électoral qu'à l'âge de trente ou quarante ans, elle pourrait tout aussi bien conserver le nom de suffrage universel.

Prenons un autre exemple : les électeurs peuvent choisir eux-mêmes leur député, ou bien ils peuvent charger un certain nombre de mandataires de le choisir, comme on donne à des experts le pouvoir de nommer un arbitre. C'est ce que l'on appelle l'élection à deux dégrès, et il est clair que comme l'élection simple elle émane du peuple, qu'elle est bien le produit du suffrage universel.

On voit par ces deux exemples que l'on peut, sans porter la moindre atteinte au principe du suffrage universel, en changer l'organisation. Il est vrai que le mode actuel est le plus simple que l'on ait pu imaginer. Mais, dans une ma-

chine aussi compliquée que l'est notre société moderne ; un
peu de combinaison dans l'organisation des rouages prin-
cipaux et du premier moteur ne serait pas inutile. La sim-
plicité est sans doute une belle chose ; mais elle ne doit pas
être poussée trop loin, au risque de prendre un autre nom.
Les libres et fiers républicains de l'antiquité ne s'y étaient
pas mépris. Sauf l'infâme exception de l'esclavage, ils
avaient établi le suffrage universel, mais ils l'avaient com-
biné avec un certain art ; et si l'organisation en était défec-
tueuse, elle prouvait, du moins, qu'ils avaient senti la
nécessité de l'organiser. S'ils pouvaient revenir en ce
monde, avec leur expérience de deux mille ans, que
l'histoire d'ailleurs met à notre service, ils s'étonneraient
de nous voir confier les destinées sociales aux passions
changeantes et périodiquement orageuses de multitudes qui
n'ont ni la science, ni ce qui seul pourrait y suppléer, le
respect de l'Autorité.

Cependant, comme il n'y a pas de règle sans exception,
nous devons mentionner que le suffrage universel, même
le plus désordonné est bon dans une circonstance, mais une
seule : c'est lorsqu'il s'agit pour un peuple fatigué et épuisé
par la révolution de reconnaître et d'acclamer un libéra-
teur, un souverain. Autant le suffrage universel non orga-
nisé est propre à faire des révolutions, autant il est empressé
de les défaire, lorsqu'il en trouve l'occasion qui malheu-
reusement se fait souvent attendre. Mais pourquoi lui laisser
faire des révolutions, sous prétexte qu'il saura bien les
défaire. On ne s'avise pas de se donner de temps en temps
de graves maladies pour avoir le plaisir de les guérir. La
société comme les individus doit suivre les règles d'une

bonne hygiène et ne pas introduire dans son sein des principes de désordre et de destruction.

Considérons d'abord les conditions nécessaires pour la pratique raisonnable du suffrage universel. Nous verrons ensuite comment on les remplit aujourd'hui. Enfin nous rechercherons quel remède on pourrait apporter à des abus que tous les hommes sages déplorent.

II

Si l'on réfléchit que le suffrage universel est le pouvoir constituant et législatif et que par conséquent il est en dernier ressort et en dernière analyse le souverain arbitre dans toutes les questions qui intéressent l'ordre politique et social, on conviendra que la première condition imposée par le bon sens, c'est que chaque électeur sache ce qu'il fait. Nul ne contestera qu'en principe il serait fort raisonnable d'exiger de chaque électeur des preuves de capacité. On en exige pour toutes les fonctions spéciales : dans l'armée, la magistrature, l'administration, les finances, l'instruction, les travaux publics, etc., c'est-à-dire dans tous les détails de l'organisme politique, nul ne peut exercer de fonctions sans un examen préalable, et lorsqu'il s'agit de l'ensemble et d'une organisation aussi vaste et aussi savante que l'est celle des états modernes , le premier venu, fût-il d'une ignorance profonde, a la même autorité que le plus instruit et le plus habile et n'a besoin de savoir qu'une seule chose, c'est qu'il a vingt et un ans. Et s'il est vrai que l'immense majorité est ignorante, on doit prévoir et comprendre où nous allons. Un temps viendra, soyons-en surs, où pour être électeur il faudra prouver que l'on a les connaissances nécessaires et où l'on s'étonnera qu'une époque qui se croit éclairée n'ait pas connu une vérité si simple.

Cependant, hâtons-nous de le dire, nous ne demandons pas une réforme aussi radicale. Nous sommes tellement loin de ce degré de civilisation, qu'une pareille prétention passe-rait à bon droit pour une utopie ; mais il est bon de ne pas laisser oublier les vrais principes, quand bien même on ne les suivrait pas. Et quelqu'éloignés que nous soyons du but que la société doit se proposer, quelque peu d'espoir que notre génération ait de l'atteindre, il ne faut pas le perdre de vue, si nous voulons progresser vers lui et non dans le sens opposé.

Telle est donc la première condition du suffrage universel: savoir ce que l'on fait. Nous ne serons point exigeant, nous n'en demandons point d'autre. Mais voyons comment cette condition est aujourd'hui remplie.

III

Dans les élections telles qu'elles se pratiquent aujourd'hui, le plus grand nombre des électeurs vote-t-il en connaissance de cause et dans le recueillement de sa conscience, ou bien par cabale et par entraînement? Il suffit d'avoir vu une élection disputée pour répondre à cette question. Ce n'est pas le moment même des élections qu'il faut observer : ce sont les préliminaires qui sont tout, puisque les électeurs arrivent au scrutin avec leurs votes écrits d'avance. Il s'agit pour chaque candidat de recruter plus de voix que son adversaire parmi le grand nombre des électeurs qui ne savent pour qui voter. On commence par lancer une circulaire irréprochable, mais aussitôt on fait circuler verbalement des commentaires beaucoup moins innocents et qui supposent souvent un grand mépris pour l'intelligence des électeurs. Nous renonçons du reste à décrire, parce que tout le monde les connaît et que nous ne voulons pas tomber dans la satyre, toutes ces manœuvres électorales où l'on déploie une activité et une industrie dignes d'un meilleur emploi.

Nous le demandons à tout spectateur impartial : est-ce que les chances ne sont pas pour le plus entreprenant et le plus adroit? est-ce qu'un candidat qui croirait devoir se contenter de publier sa circulaire, fût-il estimé de tous, aurait le moindre espoir d'être élu? Est-ce qu'il existe un moyen de savoir si les élections représentent l'opinion, je ne dis pas des plus éclairés et des plus sages, mais de la majorité?.

Il est vrai que le Gouvernement peut, par l'influence des autorités locales, exercer un grand ascendant sur les élec- teurs, sans employer de manœuvres illégitimes et en se contentant de leur rappeler que la paix et la prospérité du pays dépendent de l'union et de l'harmonie entre les grands pouvoirs de l'Etat. Un ministre éminent a publiquement déclaré que le suffrage universel est dangereux, impossible, s'il n'est pas dirigé par le Gouvernement et dans l'état actuel des mœurs, cela nous paraît incontestable. Mais si l'on connaît un peu notre caractère national, cet esprit de contradiction et d'opposition qui nous anime habituellement et qui se traduit périodiquement en esprit de désordre, on saura que l'influence échappe un jour ou l'autre au Gouvernement et que la révolution toujours faible au début s'étend progressivement jusqu'à ce qu'enfin la majorité étant séduite ou indécise, un coup de main suffit pour achever l'œuvre de destruction. Et lorsque nous voyons le suffrage même restreint aux classes éclairées produire ce triste résultat plusieurs fois en un demi-siècle, que peut-on attendre du suffrage universel, de cet immense pouvoir confié à des masses ignorantes, si l'on dédaigne les plus simples règles de la sagesse, si l'on n'introduit point quelqu'ordre et quelque discipline dans un pareil chaos ? C'est rendre les révolutions trop tentantes et trop faciles.

Le suffrage universel tel qu'il est aujourd'hui constitué met donc la société en péril et il produit encore un autre inconvénient tellement grave qu'il mérite être signalé même auprès de celui-là. Il excite entre les citoyens d'un même pays des haines inextinguibles et toute politique qui produit un pareil effet est détestable. Tous les grands Princes, les Auguste, les Charlemagne, les Saint-Louis, les Henri IV, les Louis XIV, les Napoléon ont voulu et su rallier les hommes et ont dédaigné ce talent des esprits médiocres qui divise pour régner. On dira peut-être que c'est un inconvénient inhérent au système électif ; mais il était moindre autrefois avec le suffrage restreint qu'il ne l'est aujourd'hui et cela vient sans doute de ce qu'alors les électeurs passant pour avoir une opinion qui leur appartenait, on supposait qu'ils disposaient spontanément de leur voix comme ils l'entendaient, au lieu qu'aujourd'hui l'immense majorité n'ayant pas d'opinion arrêtée, chaque parti croit que ses adversaires lui volent les voix qu'il aurait pu obtenir.

L'ignorance du plus grand nombre est donc sous tous les rapports la grande plaie du suffrage universel, et tout le monde sent combien le remède est difficile. Donnez l'instruction au peuple, s'écrie-t-on : cela est bien facile à dire, mais pourrait-on nous enseigner des moyens efficaces ! Sans doute on veut parler de l'instruction primaire, car on sait bien que ce serait une utopie de demander davantage. Mais pour savoir lire, est-on plus instruit si l'on n'a rien lu d'instructif, que de savoir seulement parler. Il est vrai que cela assurerait du moins la sincérité des élections, en permettant à chacun de lire les circulaires, d'écrire soi-même son vote dans la liberté de son esprit et de sa conscience et de ne point se le laisser imposer ou changer par l'importunité des meneurs et cela serait un grand avantage. Mais cela donnerait-il la moindre connaissance des affaires politiques? Non. Il n'y a que des charlatans qui pourraient se vanter de guérir promptement l'ignorance des masses. Cependant notre devoir est de chercher des remèdes, ne fussent que des palliatifs qui en arrêtant les progrès du mal peuvent laisser le temps d'opérer la guérison.

IV

Nous avons indiqué en commençant deux réformes, qui sans être des remèdes souverains ni infaillibles, offriraient cependant quelques garanties : le changement de l'âge électoral et le suffrage à deux degrès.

L'âge de vingt et un ans que l'on a choisi pour donner la qualité d'électeur est tout-à-fait arbitraire et le principe du suffrage universel ne souffrirait aucune atteinte si l'on fixait l'âge électoral à trente ou à quarante ans.

On a pensé, dira-t-on, que l'âge de la majorité civile indiquait naturellement l'âge de la majorité politique ; mais cette assimilation n'est pas juste, car dans le premier cas on n'expose qu'un certain nombre de jeunes gens à se ruiner eux-mêmes s'ils ne sont pas sages, au lieu que dans le second on expose la société toute entière.

A vingt et un ans on n'a pas encore, pour comprendre et pratiquer la politique, la première condition nécessaire, l'expérience. C'est, dit-on, l'âge des idées et des passions généreuses : d'accord ; mais c'est aussi l'âge des illusions, des utopies et des aventures, choses dangereuses à tout âge, mais surtout à l'âge actuel de l'humanité et qui conduiraient promptement au tombeau nos vieilles sociétés, et d'ailleurs, si nous accordons les passions généreuses à la jeunesse, nous ne voyons pas pourquoi on aurait l'injustice de les refuser à l'âge mûr qui les possède également, mais qui sait mieux en éviter les écarts et les dangers, précisément parce qu'elles sont alors contenues et dirigées par cette indispensable qualité qui manque aux jeunes gens : l'expérience.

A vingt et un ans on entre à peine dans le monde, on ne le connaît pas. On est choqué des défauts du Gouvernement et de la Société. On rêve un monde plus parfait et l'on ne se doute pas des difficultés que les Gouvernements éprouvent pour maintenir seulement les hommes à l'état de Société. On ne songe pas que le premier intérêt d'un peuple et le premier devoir de la politique, c'est de respecter l'immense labeur des générations et non de tout défaire et recommencer sans cesse.

Mais à trente-cinq ou quarante ans, on comprend par expérience que la prospérité particulière et générale dépend de la stabilité de l'Etat, que sur un sol mouvant et au milieu des tempêtes il n'y a nul bien-être, nul progrès possibles. On est généralement conservateur et l'on réprouve les révolutions.

Si donc l'on reportait, de vingt et un à trente-cinq ou quarante ans, le droit de voter, il y aurait assurément plus de réflexion et de sagesse dans les jugements du corps électoral et ce ne serait pas pour les jeunes gens un sacrifice bien héroïque de différer ce droit de quelques années.

L'élection à deux degrés serait encore un moyen de donner au suffrage universel plus de maturité et d'éviter cet esprit de cabale et d'agitation qui trouble le jugement de beaucoup d'électeurs. Nous voudrions que les communes nommassent, comme elles nomment leurs Conseillers municipaux, un certain nombre d'électeurs, lesquels choisiraient les députés. Nous voudrions que les élections du premier comme du second degré ne se fissent pas toutes à la fois pour ne point soulever périodiquement une agitation universelle, mais successivement comme se renouvellent toutes les autres fonctions du pays. Enfin nous voudrions que les élections s'accomplissent non avec ces formes vulgaires qui ne respirent point la dignité convenable à un si grand acte et ne rappellent point aux électeurs le sentiment de leur responsabilité, mais avec la même gravité qu'observent les jurés et les magistrats chargés de décider sur des intérêts particuliers. Nous ne demanderions pas que l'on rétablît le serment envers le chef de l'Etat, mais que l'on exigeât de chaque électeur un serment que nul ne pourrait récuser: ce serait de jurer devant Dieu et devant les hommes, sur son honneur et sur sa conscience de n'avoir en vue que le bien public, que la paix et la prospérité de son pays. Beaucoup de citoyens qui votent légèrement se recueilleraient et l'on aurait bien plus de chances d'avoir pour électeurs et pour députés les hommes les plus capables, les plus sages, l'élite du peuple.

Nous devons répondre ici à deux objections concernant le suffrage à deux dégrès et le renouvellement successif des élections.

Lorsqu'à une époque déjà loin de nous on proposa les élections à deux dégrès, les adversaires de ce projet s'écrièrent que ce serait un moyen de corruption et de despotisme. C'était pour les électeurs du premier dégré une louange et pour ceux du second une injure gratuite, car pourquoi ceux-ci, en général l'élite de la nation, seraient-ils plus faciles à corrompre que les autres. Pour nous, nous respectons l'honneur de tous les citoyens et nous ne parlons que d'instruction, de capacité. Nous prétendons qu'il faudrait des électeurs capables et nous proposons un moyen d'en avoir de tels choisis par la confiance de tous les hommes murs et expérimentés de toutes les classes.

Si nous demandons que le Corps Législatif se renouvelle non pas tout à la fois, mais successivement comme la Société elle-même dont il est l'interprète, c'est pour éviter l'agitation et le trouble, c'est pour donner à la représentation nationale cet esprit de suite et de tradition nécessaire pour diriger les affaires d'un grand peuple. Mais cette proposition sera vivement combattue par des hommes qui, dans des vues différentes voudraient que l'on renouvelât le plus fréquemment possible des élections générales à grand fracas. Ils allèguent que les députés, après quelques années d'exercice, ne représentent plus l'opinion du pays, comme si les députés une fois partis de leur province étaient relégués au bout du monde sans communication avec leur patrie, comme s'ils ne passaient pas la plus grande partie de l'année au milieu de leurs commettants. Mais avec des élections générales fréquentés on se flatte de répandre dans les esprits au moment opportun une opinion factice qui n'est nullement au fond l'opinion du pays. lequel veut avant tout la paix et la tranquillité, seul moyen de pouvoir vaquer librement à ses affaires et à ses occupations.

<h2 style="text-align:center">V</h2>

Il serait temps enfin, je ne dis pas de couper court aux révolutions, il n'est pas au pouvoir de l'homme de les conjurer infailliblement, et elles sont inévitables toutes les fois que les classes éclairées se corrompent dans leurs principes et leurs mœurs, mais de donner à nos institutions un fondement plus solide et qui ne semblât pas fait tout exprès pour produire des révolutions.

Ce n'est pas que nous reprochions au Gouvernement de n'avoir pas, dès le principe, réformé le suffrage universel. Nous reconnaissons même qu'il a sagement fait de le prendre tel qu'il l'a trouvé pour ne pas fournir à la révolution un prétexte de le récuser et pour la vaincre par ses propres armes. Mais ce qui est bon pour dompter l'anarchie ne l'est plus pour organiser un ordre durable.

On nous accusera sans doute d'être un réactionnaire et un partisan de l'ancien régime, parce que nous cherchons le moyen de consolider nos institutions modernes, et d'être ennemi du progrès et des lumières parce que nous ne voudrions pas livrer la direction de la Société à l'ignorance. Est-ce comploter le retour de l'ancien régime que d'en rappeler la stabilité et de la proposer à notre imitation. Il est certain qu'il possédait cette grande qualité qui nous manque et qu'il avait su constituer fortement l'ordre politique et social, puisqu'il a duré tant de siècles. Mais si nous nous croyons plus éclairés que nos pères, prouvons-le donc en faisant mieux qu'ils n'ont fait, non pas en construisant sur le même modèle (encore une fois nous ne demandons rien de semblable); mais en fondant quelque chose d'aussi solide, d'aussi puissant, d'aussi durable. A quoi nous servira l'édifice le plus merveilleux et le plus féerique, s'il est fait de telle manière que le moindre coup de vent l'abatte. Et tout le monde ne sent-il pas qu'aujourd'hui la Société n'est pas

solidement assise et qu'elle est exposée à tomber de révolutions en révolutions jusque dans la barbarie.

Au risque de passer encore pour un rétrograde, parce
que nous ne voulons pas reculer de deux mille ans dans les
institutions et les usages de ces anciennes sociétés qui furent
à proprement parler la jeunesse et peut-être l'enfance de
l'humanité, nous dirons qu'à une époque où les citoyens
sont en général sérieusement occupés de travaux productifs,
où le merveilleux progrès des sciences, de l'industrie et du
commerce couvre ce globe d'un vaste réseau d'entreprises
de tous genres dont tous les esprits sont préoccupés et dont
le premier besoin est le calme et la confiance, c'est un ana-
chronisme énorme de vouloir imiter les institutions de ces
républiques anciennes dont les citoyens n'ayant autre chose
à faire que de se promener tous les jours sur les places pu-
bliques, s'étaient fait un besoin des brigues électorales.
Nous dirons qu'au lieu de semer ainsi l'inquiétude, la
perturbation et beaucoup de ruines dans ces grands intérêts
par des agitations stériles et toujours dangereuses, nous
devrions donner au suffrage universel une forme plus
appropriée aux idées et aux mœurs de la Société moderne
et plus favorable au recueillement nécessaire pour obtenir
l'expression vraie des besoins et des désirs de la Nation.

LE CHARTIER DE SÉDOUY.

www.ingramcontent.com/pod-product-compliance
Lightning Source LLC
LaVergne TN
LVHW020136070726
842526LV00020B/2419